# So geht es:

Lies.

Male.

Schreibe.

Kreuze an.

# Bücherregal von:

Erhard Dietl, Die Olchis sind da

# Das gehört zu einem Buch

2 Autorin oder Autor

5 Altersempfehlung

7 Klappentext

4 Verlag

1 Titel

3 Titelbild

6 Preis

Henriette Wich · Steffen Gumpert

Arena

Ab 7

TEAM LUPE ERMITTELT

Der rätselhafte Hundedieb

westermann

Pauls Hündin Murmel ist weg! Auf dem Schulfest haben sie noch alle gesehen, doch am nächsten Morgen fehlt jede Spur von ihr. Dann meldet sich ein anonymer Anrufer bei Paul … Ein spannender Fall für die vier Detektive von TEAM LUPE!

Lulu · Umut · Paul · Elsa

- Ideal ab der 2. Klasse
- Eine Geschichte in kurzen Kapiteln
- Große Fibelschrift
- Einfache Textgliederung
- Mit Detektivrätseln zum Mitknobeln

ISBN 978-3-401-71677-0

€ 8,00 [D] € 8,30 [A]

www.arena-verlag.de

Punkte sammeln auf antolin.de

1. Der Titel ist der Name des Buches: Team LUPE ermittelt. Der rätselhafte Hundedieb
2. Der Autor oder die Autorin hat das Buch geschrieben. Bei diesem Buch ist es Henriette Wich.
3. Auf dem Titelbild ist meistens eine Szene aus der Geschichte zu sehen.
4. Der Verlag stellt das Buch her, druckt es und gibt es in den Verkauf. In diesem Fall heißt der Verlag Arena.
5. Auf manchen Büchern steht, für welches Alter das Buch geschrieben wurde. Dieses Buch kann ab 7 Jahren gelesen werden.
6. Auf der Rückseite findest du den Preis. Es kostet 9 €.
7. Ein Klappentext ist eine kurze Inhaltsangabe. In diesem Text auf der Rückseite des Buches erfährst du, worum es im Buch geht.

# Mein 1. gelesenes Buch

So heißt es: ______________________________

Es wurde geschrieben von: ______________________________

So viele Seiten hat mein Buch: _____ Seiten  Es kostet: _____ €

So sieht mein Buch von vorne aus:

Diese Personen/Figuren kommen in meinem Buch vor:
Male oder schreibe.

fertig gelesen am ______________ 20_____

6 wichtige Wörter aus meinem Buch sind:

______________________ ______________________

______________________ ______________________

______________________ ______________________

Das ist ein Bild meiner Lieblingsstelle im Buch:

# Mein 2. gelesenes Buch

So heißt es: ______________________________

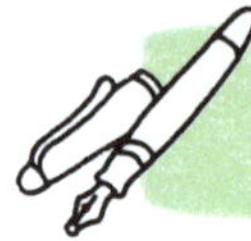

Es wurde geschrieben von: ______________________________

123 So viele Seiten hat mein Buch: _____ Seiten

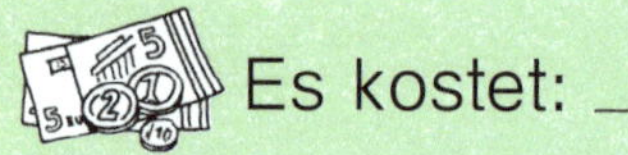

Es kostet: _____ €

So sieht mein Buch von vorne aus:

Diese Personen/Figuren kommen in meinem Buch vor:

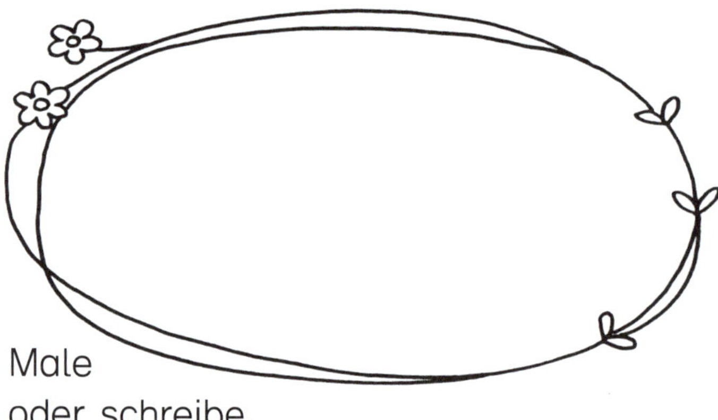

Male oder schreibe.

fertig gelesen am ______________ 20____

6 wichtige Wörter aus meinem Buch sind:

______________ ______________

______________ ______________

______________ ______________

Das ist ein Bild meiner Lieblingsstelle im Buch:

# Mein 3. gelesenes Buch

So heißt es: ______________________________

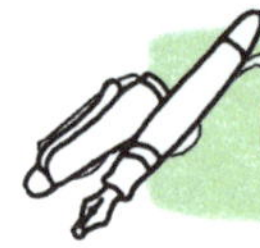

Es wurde geschrieben von: ______________________________

123 So viele Seiten hat mein Buch: _____ Seiten  Es kostet: _____ €

So sieht mein Buch von vorne aus:

Diese Personen/Figuren kommen in meinem Buch vor:

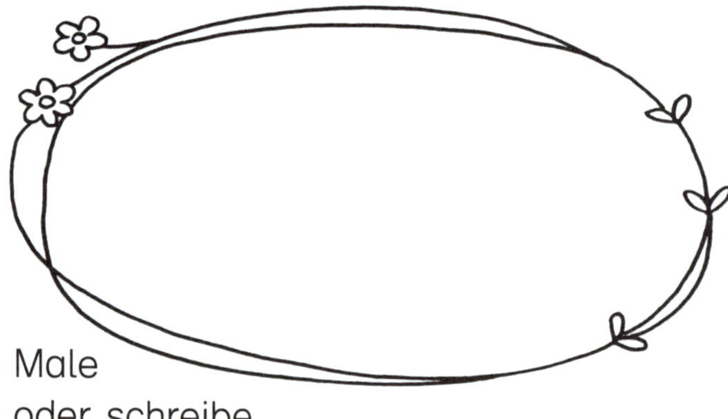

Male oder schreibe.

**fertig gelesen am** ______________ 20______

6 wichtige Wörter aus meinem Buch sind:

______________ ______________

______________ ______________

______________ ______________

Das ist ein Bild meiner Lieblingsstelle im Buch:

# Diese Arten von Büchern gibt es

Ein **Sachbuch** erzählt keine Geschichte, sondern informiert dich über ein Thema.

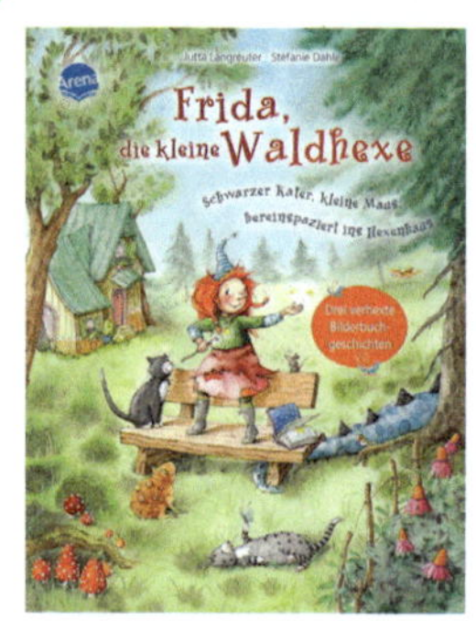


**Bilderbücher** erzählen Geschichten für kleinere Kinder mit vielen Bildern.

In **Tiergeschichten** spielt ein Tier die Hauptrolle.

In **Abenteuergeschichten** geht es meist spannend zu.

In **Detektivgeschichten** wird ein spannender Fall gelöst.

**Fußballbücher** erzählen Geschichten rund um diesen Sport.

**Fantasy Geschichten** haben immer mit Magie oder Zauberei zu tun.

In **Comic-Romanen** werden Geschichten aus dem Alltag mit lustigen Bildern verbunden.

# Mein 4. gelesenes Buch

Titel: ______________________________

123 Umfang: ______ Seiten

Autor: ______________________________

Preis: ______ €

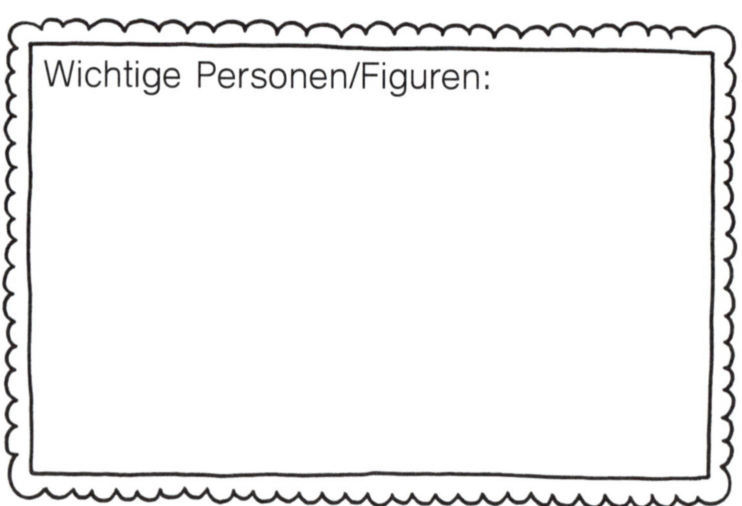

**fertig gelesen am ______________ 20____**

8 wichtige Wörter:

________________________________
________________________________
________________________________
________________________________
________________________________
________________________________
________________________________
________________________________

Zu dieser Buchart gehört mein Buch:

- Sachbuch
- Tiergeschichte
- Abenteuergeschichte
- Detektivgeschichte
- Fantasy Geschichte
- Fußballgeschichte
- Comic-Roman
- Bilderbuch

Meine Lieblingsstelle im Buch:

________________________________
________________________________
________________________________

# Mein 5. gelesenes Buch

Titel: ______________________________

123 Umfang: ______ Seiten

Preis: ______ €

Autor: ______________________________

Buchcover

Wichtige Personen/Figuren:

**fertig gelesen am** ______________ 20______

8 wichtige Wörter:

______________________________

______________________________

______________________________

______________________________

______________________________

______________________________

______________________________

______________________________

Zu dieser Buchart gehört mein Buch:

- ☐ Sachbuch
- ☐ Tiergeschichte
- ☐ Abenteuergeschichte
- ☐ Detektivgeschichte
- ☐ Fantasy Geschichte
- ☐ Fußballgeschichte
- ☐ Comic-Roman
- ☐ Bilderbuch

Meine Lieblingsstelle im Buch:

______________________________

______________________________

______________________________

# Mein 6. gelesenes Buch

Titel: ____________________

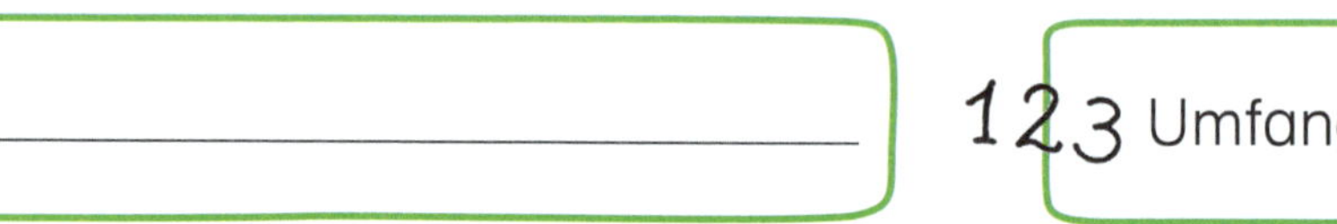

123 Umfang: ______ Seiten

Preis: ______ €

Autor: ____________________

Buchcover

Wichtige Personen/Figuren:

**fertig gelesen am ______________ 20______**

8 wichtige Wörter: ______________

______________

______________

______________

______________

______________

______________

______________

Zu dieser Buchart gehört mein Buch:

- Sachbuch
- Tiergeschichte
- Abenteuergeschichte
- Detektivgeschichte
- Fantasy Geschichte
- Fußballgeschichte
- Comic-Roman
- Bilderbuch

Meine Lieblingsstelle im Buch:

______________

______________

______________

# Mein 7. gelesenes Buch

123 Umfang: ______ Seiten

Preis: ______ €

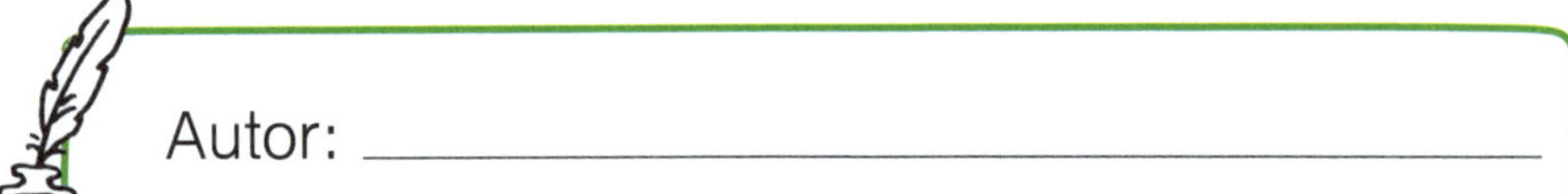


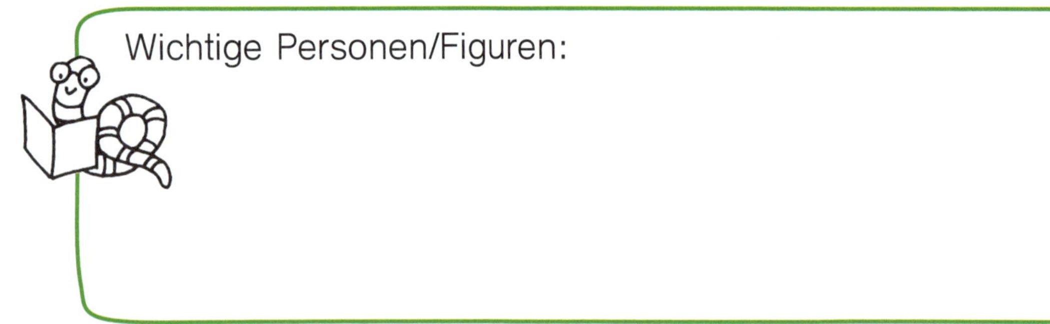

fertig gelesen am ____________ 20____

Zu dieser Buchart gehört mein Buch:

- ☐ Sachbuch
- ☐ Tiergeschichte
- ☐ Abenteuergeschichte
- ☐ Detektivgeschichte
- ☐ Fantasy Geschichte
- ☐ Fußballgeschichte
- ☐ Comic-Roman
- ☐ Bilderbuch

8 wichtige Wörter: ____________ ____________

____________ ____________ ____________

____________ ____________ ____________

Meine Lieblingsstelle im Buch:

____________

____________

____________

# Wo finde ich Bücher?

**Buchladen**

Im Buchladen können Bücher gekauft werden.

**Bücherbus**

An vielen Plätzen in der Stadt hält der Bücherbus, eine fahrende Bücherei.

**Flohmarkt**

Auf einem Flohmarkt kannst du Bücher, Spielzeug und Kleidung kaufen und verkaufen.

**Bücherschrank auf einem Platz**

In einem Bücherschrank findet man gebrauchte Bücher. Hier kannst du auch deine Bücher hineinstellen, die du nicht mehr lesen möchtest.

**Geschenk**

Viele Kinder wünschen sich Bücher zum Geburtstag.

**Schulgebäude mit Schulbücherei – Bücher-Basar in der Schule**

In der Schule gibt es oftmals eine Schulbücherei. Auf einem Basar können gebrauchte Bücher verkauft und gekauft werden.

# Mein 8. gelesenes Buch

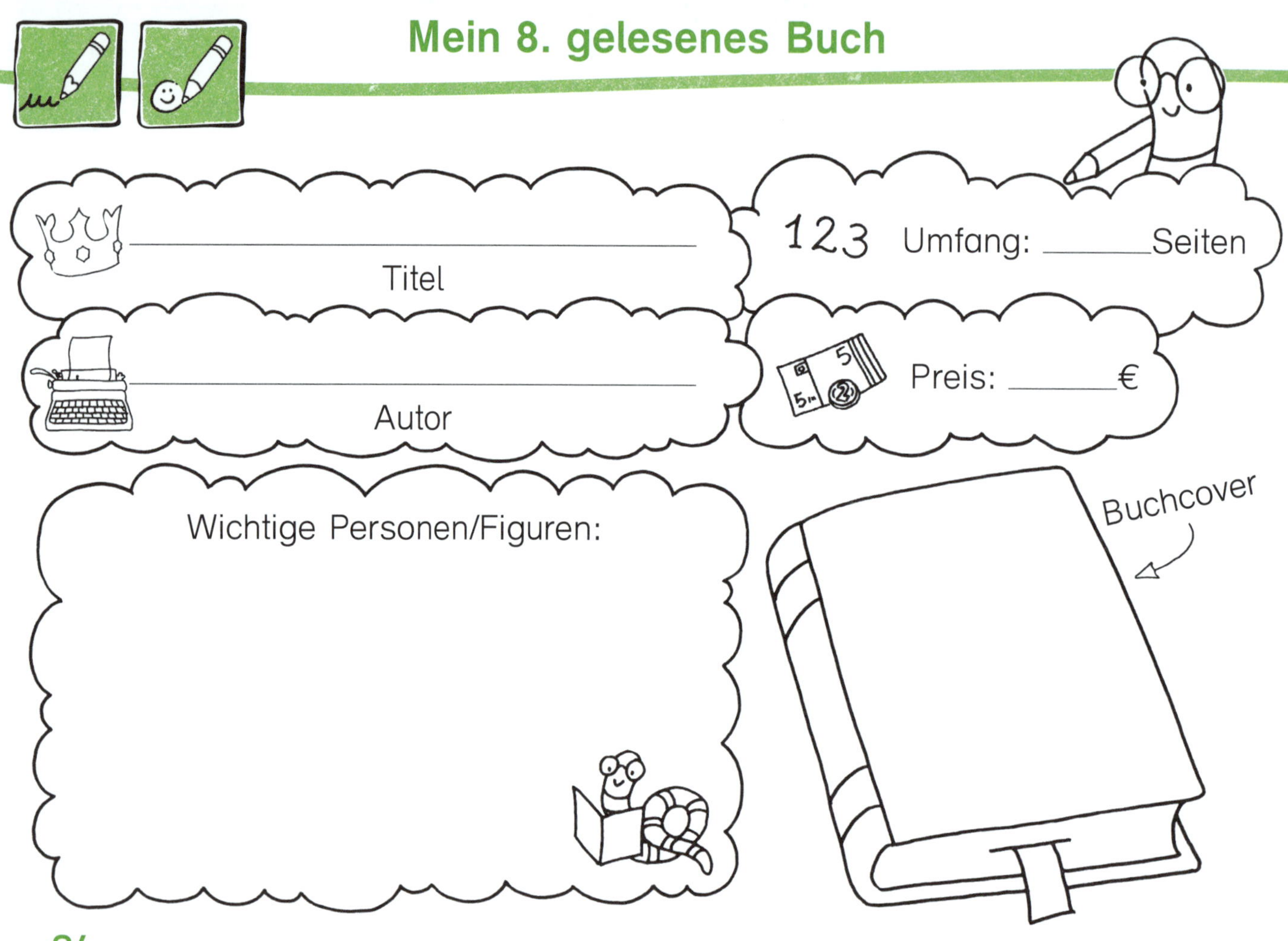

fertig gelesen am ______________ 20 ______

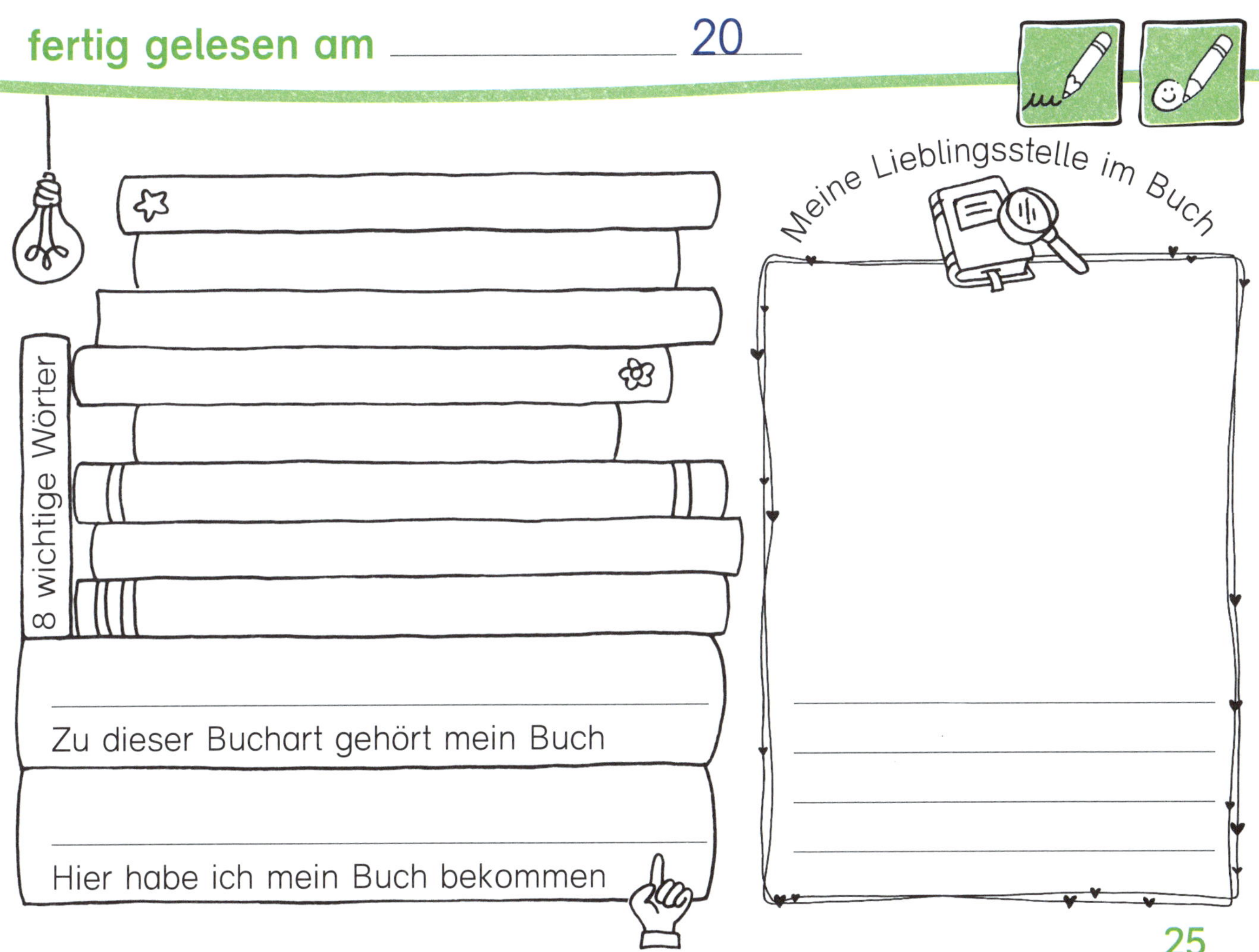

# Mein 9. gelesenes Buch

Buchcover

Preis: ______ €

Umfang: ______ Seiten

______
Titel

______
Autor

Wichtige Personen/Figuren:

fertig gelesen am ______________ 20____

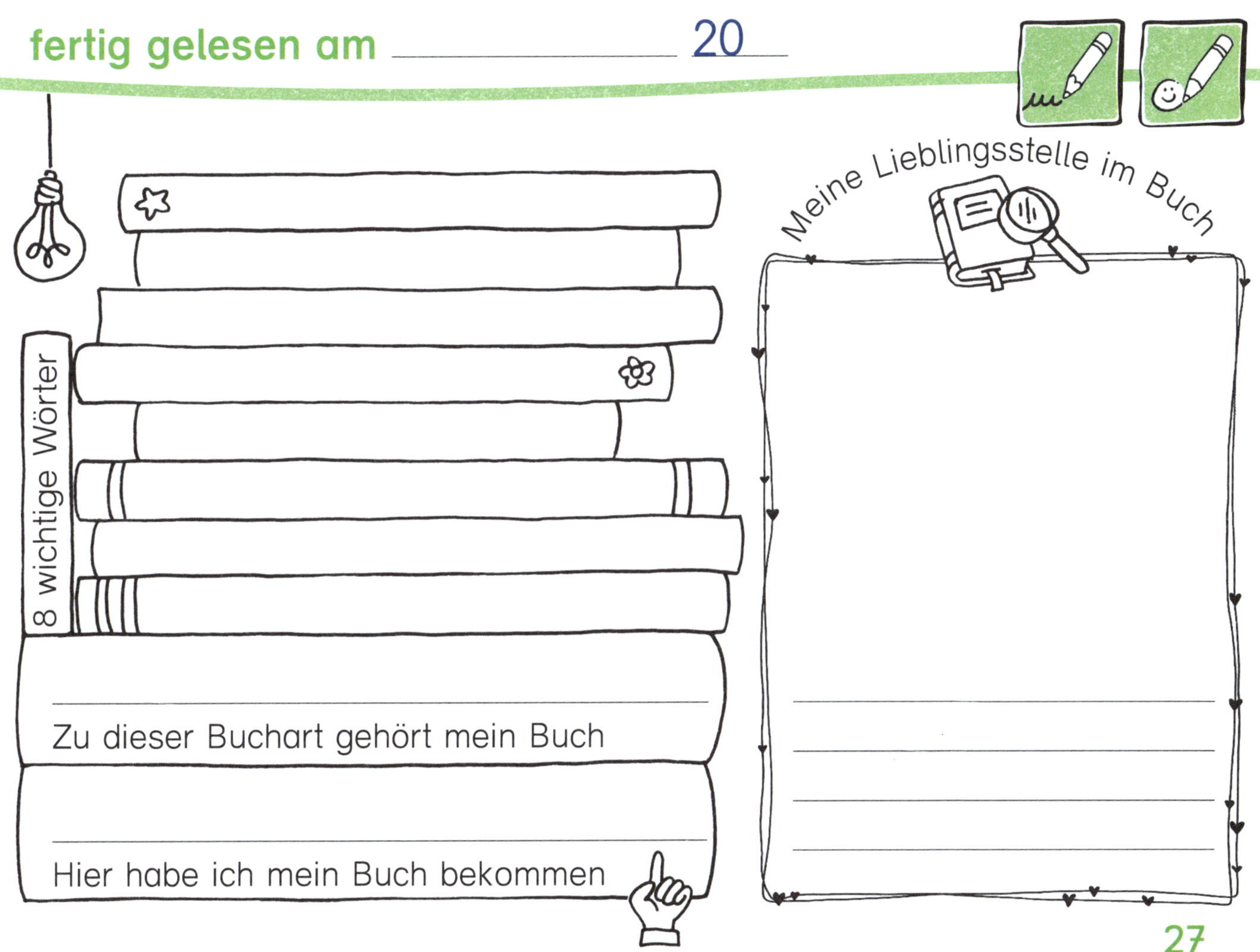

# Mein 10. gelesenes Buch

Wichtige Personen/Figuren:

Buchcover

123

Umfang:

________ Seiten

Preis: ________ €

Titel:

________________________________________

Autor:

________________________________________

fertig gelesen am ______________ 20____

Zu dieser Buchart gehört mein Buch:

______________________________

8 wichtige Wörter:

______________________________

______________________________

______________________________

______________________________

______________________________

______________________________

______________________________

______________________________

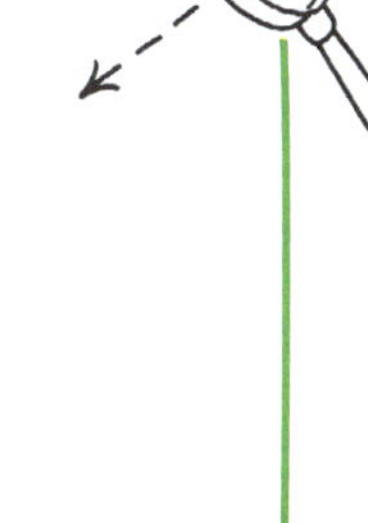

Meine Lieblingsstelle im Buch:

______________________________

______________________________

______________________________

______________________________

Hier habe ich mein Buch bekommen:

______________________________

## Jim Knopf und Lukas der Lokomotivführer

Jim Knopf und Lukas der Lokomotivführer von Michael Ende ist ein Abenteuerbuch. Es erzählt die Geschichte des Jungen Jim, der bei seinem Freund Lukas, dem Lokomotivführer, auf der kleinen Insel Lummerland lebt und die Dampflok Emma fährt.

Als die Insel zu eng wird für all ihre Bewohnerinnen und Bewohner, beschließen Jim und Lukas, Emma zu einem Schiff umzubauen und auf eine aufregende Reise zu gehen.

Während sie Lummerland hinter sich lassen, um neue Freunde zu finden und gleichzeitig ihr Zuhause und alte Freunde zu retten, beginnt eine Geschichte über die enge Freundschaft zwischen den beiden.
Sie müssen gemeinsam viele Abenteuer bestehen und auch oftmals an das Unmögliche glauben.

## Was ist eine Inhaltsangabe?

In einer Inhaltsangabe erfährt man etwas über ein Buch oder auch einen Film. In ihr sind die wichtigsten Geschehnisse, Erlebnisse und Personen kurz zusammengefasst. Sie soll die Leserinnen und Leser neugierig machen und sie dazu bringen, das Buch zu lesen oder den Film zu schauen. Sie wird in der Zeitform Gegenwart geschrieben.

**Tipp: 8 wichtige Begriffe**
Schau dir deine 8 wichtigen Wörter an. Erzähle mit diesen 8 Wörtern den Inhalt deines Buches nach.

# Mein 11. gelesenes Buch

Titel: ______________________________

Autor: ______________________________

Buchart:

______________________________

Hier habe ich mein Buch bekommen:

______________________________

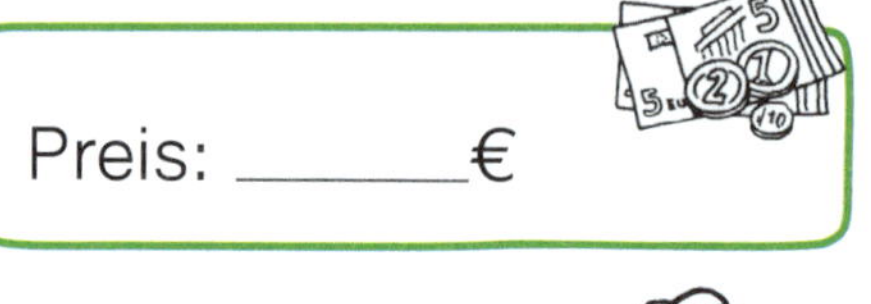

Preis: ________ €

Wichtige Personen/Figuren:

**fertig gelesen am ____________ 20____**

8 wichtige Wörter:

________________________________________
________________________________________
________________________________________
________________________________________
________________________________________
________________________________________
________________________________________
________________________________________

Umfang: ________ Seiten

Inhaltsangabe zu meinem Buch:

________________________________________
________________________________________
________________________________________
________________________________________
________________________________________
________________________________________
________________________________________
________________________________________
________________________________________
________________________________________
________________________________________
________________________________________
________________________________________

# Mein 12. gelesenes Buch

Titel: ______________________________

Autor: ______________________________

Buchart:

______________________________

Hier habe ich mein Buch bekommen:

______________________________

Wichtige Personen/Figuren:

Preis:

________ €

Umfang:

________ Seiten

**fertig gelesen am** ______________ 20____

8 wichtige Wörter: ______ ______

______ ______ ______

______ ______ ______

Inhaltsangabe zu meinem Buch:

# Mein 13. gelesenes Buch

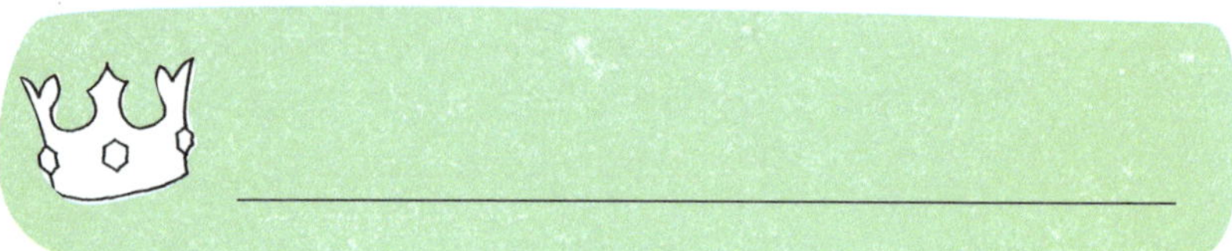

________ €

________ Seiten

## fertig gelesen am ____________ 20____

Titel

Autor

Preis

Umfang

8 wichtige Wörter

Buchart

Hier habe ich mein Buch bekommen

Inhaltsangabe

# Was ist eine Lesekiste?

Mit einer **Lesekiste** kannst du anderen Personen dein Buch vorstellen.

Du benötigst einen Karton, in dem du Gegenstände sammeln kannst, die in deiner Geschichte vorkommen oder die zu deiner Geschichte passen. Sie sollten aber nicht zu groß sein.
Außerdem brauchst du Stifte, Kleber, eine Schere und farbiges Papier, um den Karton zu gestalten.

Schreibe den Titel und den Namen der Autorin oder des Autors auf den Deckel der Kiste. Die Innenseiten des Kartons kannst du nun nach deinem Geschmack gestalten, anmalen und bekleben. Ebenso ist es möglich, kurze Texte aus deinem Buch abzuschreiben und aufzukleben.

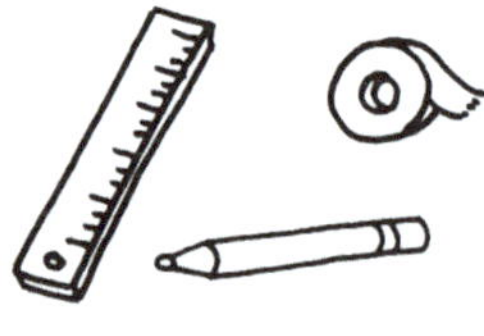

INHALT
FERIEN BEI TANTE Lila
Kleber

# Mein 14. gelesenes Buch

In meiner Lesekiste stelle ich dieses Buch vor:

fertig gelesen am ________________ 20____

Meine Lieblingsstelle:

Inhaltsangabe:

# Mein 15. gelesenes Buch

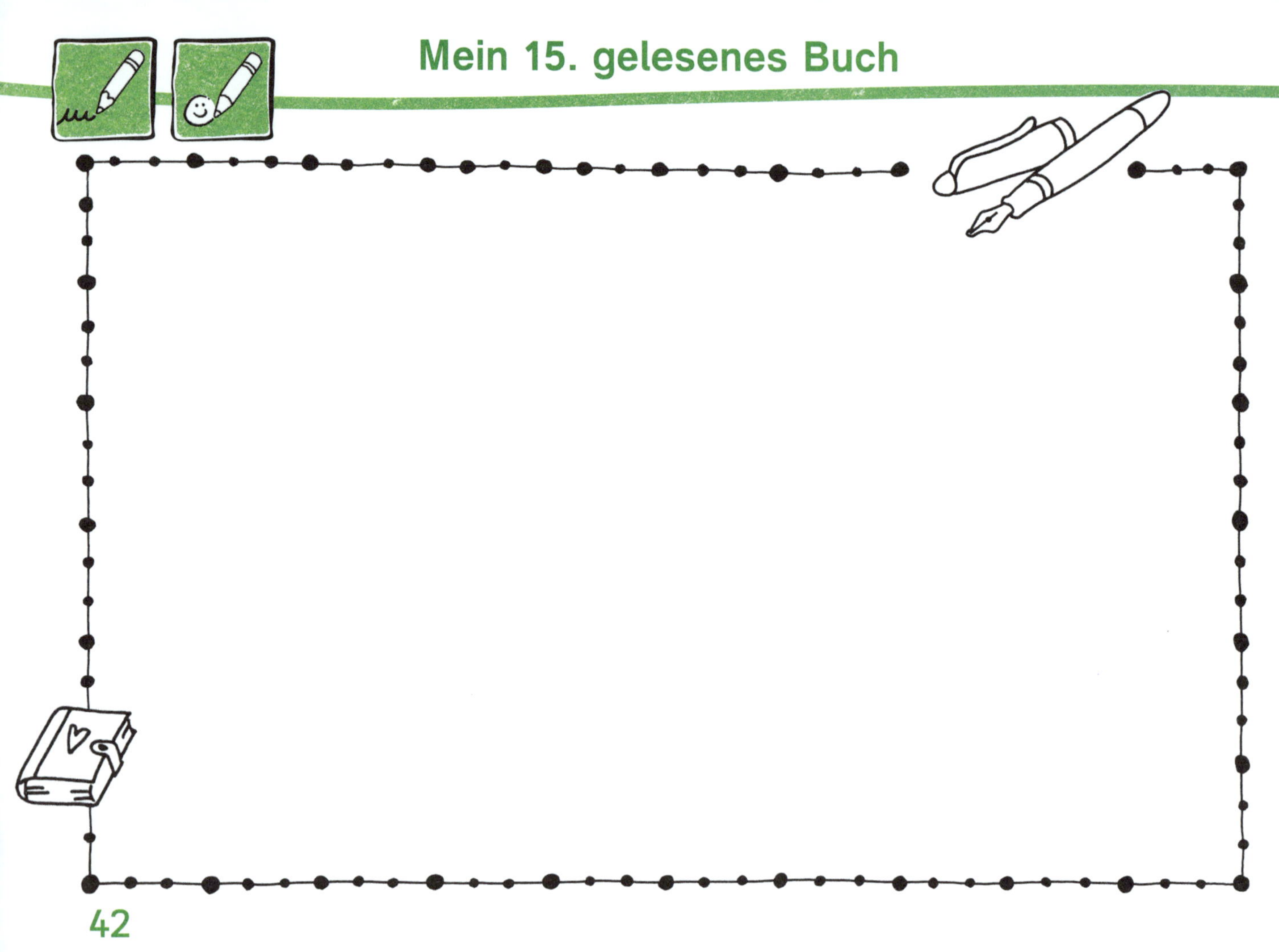

**fertig gelesen am** ______________ 20____

Meine Lieblingsstelle:

Inhaltsangabe:

# Mein 16. gelesenes Buch

In meiner Lesekiste stelle ich dieses Buch vor:

## fertig gelesen am ______ 20__

Meine Lieblingsstelle:

Inhaltsangabe:

# Meine Bücher-Hitliste

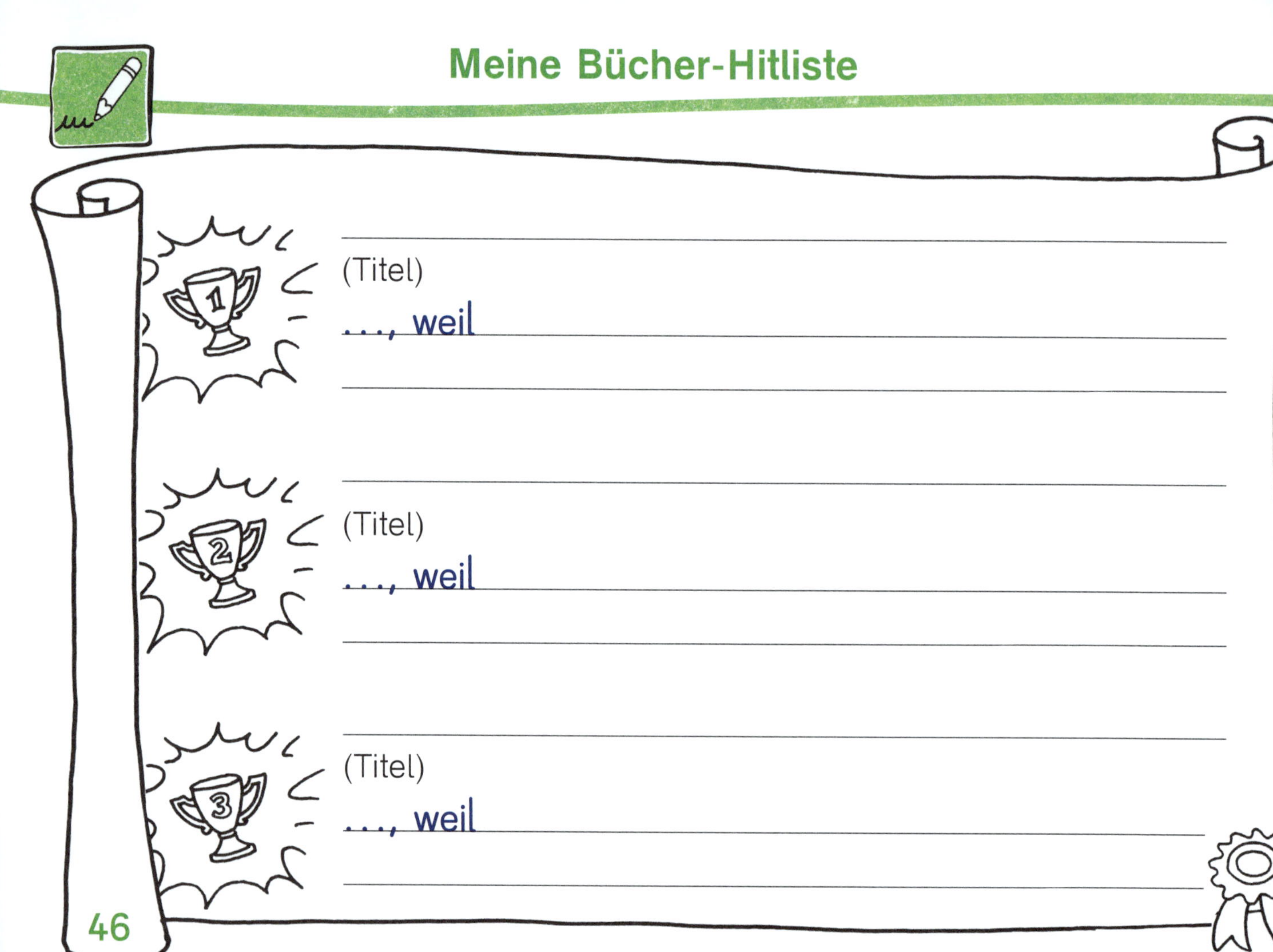

Auf der Rückseite findest du als Belohnung eine Vorlage für ein Lesezeichen.
Du kannst die Bücher bunt anmalen und deinen Namen auf das Lesezeichen schreiben.

Schneide dann das Lesezeichen an den schwarzen Rändern aus.
Falte es in der Mitte an der grün gestrichelten Linie und klebe die Innenseiten zusammen.

Viel Spaß beim Lesen!

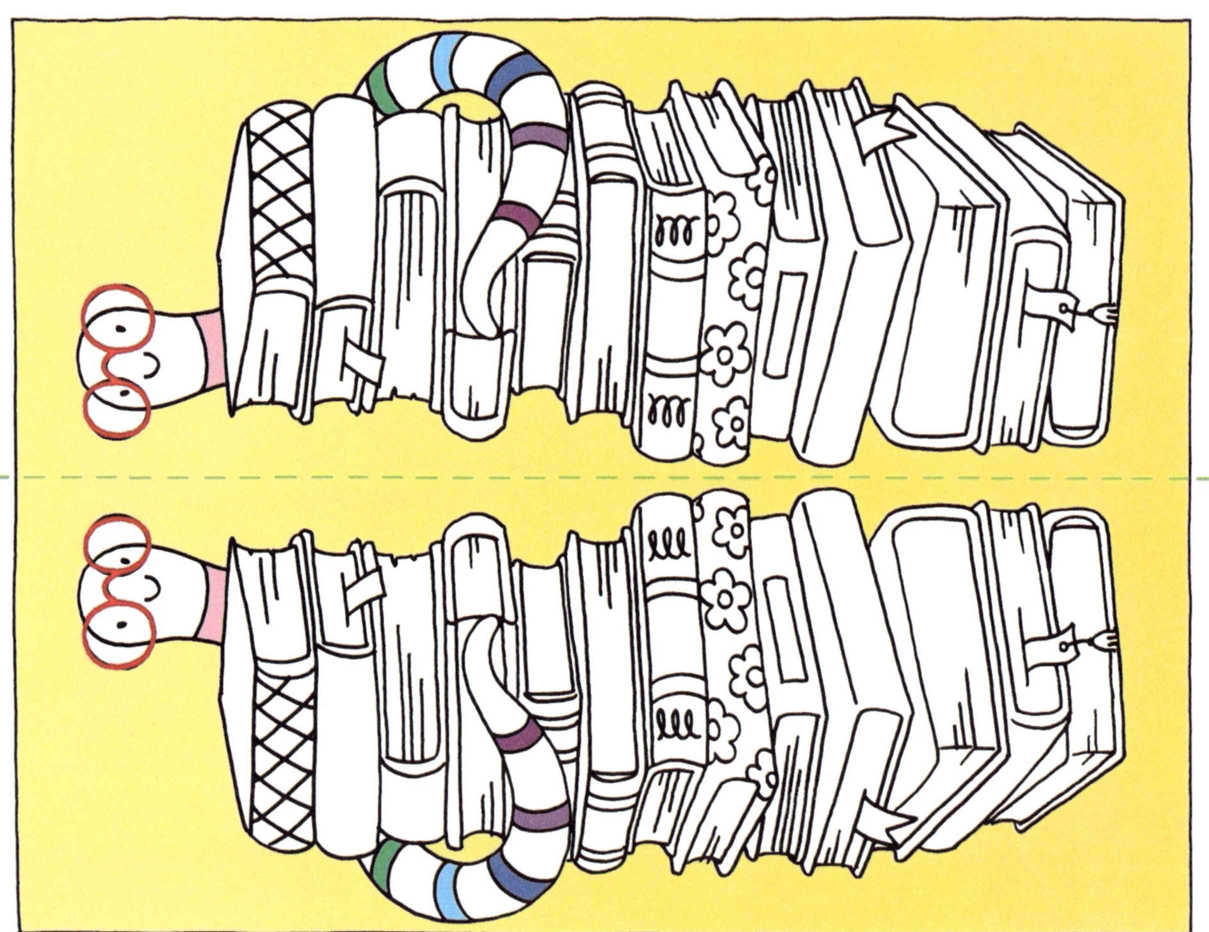

Bildquellen:
|Arena Verlag GmbH, Würzburg: ALICE PANTERMÜLLER, DANIELA KOHL Mein Lotta-Leben. Alles voller Kaninchen. ISBN 978-3-401-06739-1 13.6; BJÖRN BERENZ, CHRISTOPH DITTERT, PHILIPP ACH Explorer-Team: Das Abenteuer beginnt. ISBN 978-3-401-60566-1 12.7; CHRISTIAN LOEFFELBEIN, BETTY VAN BONN Elf Fußball-Freunde halten zusammen, ISBN 978-3-401-72021-0 13.2; Der Wald FRIEDERUN REICHENSTETTER, HANS-GÜNTHER DÖRING Der Wald, ISBN 978-3-401-71730-2 12.2; Die Zuckermeister (1). Der magische Pakt TANJA VOOSEN, VIKTORIA GAVRILENKO Die Zuckermeister. Der magische Pakt. ISBN 978-3-401-60533-3 13.7; HENRIETTE WICH, STEFFEN GUMPERT Team LUPE ermittel: Der rätselhafte Hundedieb, ISBN 978-3-401-71677-0 4.5, 4.6; JÜRGEN BANSCHERUS, RALF BUTSCHKOW Ein Fall für Kwiatkowski Die Kaugummiverschwörung. ISBN 978-3-401-60723-8 13.3; JUTTA LANGREUTER, STEFANIE DAHLE Frida, die kleine Waldhexe. ISBN 978-3-401-71800-2 12.3; KATJA FRIXE, STEFANIE JESCHKE Jolle und ich. Der Tag, an dem ein Pinguin bei uns einzog. ISBN 978-3-401-60630-9 12.6. |Heimrich, Heike, Berlin: Titel, 1.1, 2.1, 3.1, 4.1, 4.2, 4.3, 4.4, 4.7, 4.8, 4.9, 4.10, 5.1, 6.1-8, 7.1-7, 8.1-8, 9.1-7, 10.1-8, 11.1-11.7, 12.1, 12.4, 12.5, 12.8, 12.9, 13.1, 13.4, 13.5, 13.8, 13.9, 14.1-7, 15.1-5, 16.1-7, 17.1-5, 18.1-7, 19.1-5, 20.1-8, 21.1-5, 22.1-5, 23.1, 23.2, 23.3, 23.4, 24.1-10, 25.1-5, 26.1-11, 27.1-5, 28.1-9, 29.2, 29.3, 29.4, 29.5, 29.6, 30.1, 30.2, 31.1, 31.2, 31.3, 31.4, 32.1-8, 33.1, 33.2, 33.3, 33.4, 34.1-9, 35.1, 35.2, 35.3, 36.1-9, 37.1-11, 38.1, 38.2, 39.1, 39.2, 40.1, 40.2, 40.3, 41.1, 41.2, 41.3, 42.1, 42.2, 42.3, 43.1, 43.2, 43.3, 43.4, 44.1-6, 45.1, 45.2, 45.3, 46.1-5, 47.1, 48.1.



Druck A[1] / Jahr 2024
Alle Drucke der Serie A sind im Unterricht parallel verwendbar.

Redaktion: Nicole Amrein, Redaktionsbüro Mechthild Piel, Königswinter
Umschlaggestaltung, Layout: Visuelle Lebensfreude
Druck und Bindung: Westermann Druck GmbH, Georg-Westermann-Allee 66, 38104 Braunschweig

ISBN 978-3-14-**117652**-0

**Die Bunte Reihe –**
**Deutsch lernen leicht gemacht!**

- im Laufe eines Schuljahres einsetzbar
- klarer, systematischer Aufbau für selbstständiges Arbeiten
- Infoseiten und Tipps als Hilfestellung

**Lesetagebuch Klasse 3/4**

- abwechslungsreiche, selbsterklärende Aufgabenformate
- zusätzliche Informationen rund um das Thema Buch und Lesen
- motivierendes Belohnungselement am Ende des Heftes




ISBN 978-3-14-**117652**-0

www.westermann.de